AF186039

Morija David

Samuel

Wegweiser für das 21. Jahrhundert

www.tredition.de

© 2016 Morija David
david.morija@online.de
www.harfenschuleimtaunus.de
www.davidarts.de

Alle Bilder stammen aus der Werkreihe „Die Alchemie der Entropie"
von Morija David

Verlag: tredition GmbH, Hamburg

ISBN
Paperback: 978-3-7345-6567-0
Hardcover: 978-3-7345-6568-7
E-Book: 978-3-7345-6569-4

Printed in Germany

Bibliografische Information der Deutschen Nationalbibliothek: Die Deutsche Nationalbibliothek verzeichnet diese Publikation in der Deutschen Nationalbibliografie; detaillierte bibliografische Daten sind im Internet über http://dnb.d-nb.de abrufbar.

Meditationen für Politiker, Staatsführer, Terroristen und andere Menschen

Samuel

Meinem Sohn Simon Gabriel gewidmet

Vorwort

Wir leben in einer Welt, die aus den Fugen zu geraten scheint.

Kriege, Hungersnöte, Klimakatastrophen und Flüchtlingsströme in ungekannter Größe überfluten diese Erde.

Bündnisse und Freundschaften zwischen den Ländern und Kulturen bröckeln in erschreckendem Ausmaß und die Kluft zwischen Arm und Reich wird immer größer.

Was ist die Lösung?

Was ist der globale Schlüssel?

Samuel, wir nennen ihn einfach Samuel, möchte inspirieren, aktuelle und brennende Fragen dieser Zeit aus einer anderen, erweiterten Perspektive zu betrachten, unkonventionelle Antworten zuzulassen und uns motivieren, unser volles Potenzial unseres Bewusstseins in Besitz zu nehmen.

Meist favorisieren wir einen Teil unseres Bewusstseins und suchen unsere Lösungen auf bekannte, unserer Komfortzone entsprechende Art und Weise. Oft spielen auch Gehirndominanzen eine entscheidende Rolle, wie wir uns entscheiden, oder wir haben eben gelernt, unserem Umfeld entsprechend, Lösungen und Antworten zu finden.

Multidimensional, also alle Ebenen unseres Bewusstseins miteinbezogen, zu denken, fühlen und handeln ist eine Kunst, die noch wenigen Menschen vertraut ist, geschweige denn in vollendeter Perfektion beherrscht wird.

Lassen Sie sich inspirieren von einer Welt der multidimensionalen Antworten auf globale Fragen, die uns am Beginn des 21. Jahrhunderts auf den Nägeln brennen und uns zutiefst beschäftigen.

Samuel ist ein Bote, der uns den Weg im 21. Jahrhundert weist, um die Richtung, den Halt und das Ziel, unser Ziel, nicht aus den Augen zu verlieren.

Persönliches Vorwort

Mit 26 Jahren hat das Leben mir ein besonderes Geschenk gemacht!
Ich wurde Mutter und gleichzeitig beschenkte mich das Leben mit dem Ausfall meiner Hypophyse.
Durch eine falsche Dosierung von Wehenmitteln wurde bei der Geburt meines Sohnes der Druck in meinem Kopf so groß, dass meine Hypophyse einfach danach ihren Geist aufgab.

Dies hatte zur Folge, dass ich schließlich mit knapp 30 Jahren den Hormonspiegel einer alten Frau besaß, 15 Kilo Gewicht verloren hatte und täglich Unmengen von Wasser trank (ca. 12 bis 16 Liter).

Erst viele Jahre später, als meine Knochen sich bereits in Glas verwandelt hatten, erkannte man rückwirkend die Ursache.

Nun, das Interessante an dieser Geschichte ist, dass sich auch mein psychischer Zustand stark veränderte. Ich fühlte mich wie ein Mensch, der am Ende seines Lebens stand. Entsprechend interessierte mich Irdisches nur noch peripher.

Es waren bzw. wurden Jahre, vielmehr Jahrzehnte, in denen ich zwischen Himmel und Erde, Leben und Tod schwebte.

Viele Stunden am Tag verbrachte ich meditierend.

In dieser Zeit wurde ich zu einem inneren Weltenbummler und bereiste die verschiedenen Ebenen des Bewusstseins.

Gleichzeitig versuchte ich das persönlich Erlebte mit bereits Beschriebenem abzugleichen.

So studierte ich alle Weltreligionen und Kulturen, sowie Psychologie, alternative Heilmethoden und Quantenphysik.

2012 entgleiste mein Stoffwechsel nach einer Venenentzündung an beiden Armen und Beinen so extrem, dass ich innerhalb weniger Wochen auf 38 Kilo abmagerte.

Es zog mich förmlich aus dem Körper – auf die andere Seite.

Die Ärzte gaben mir keine Überlebenschancen ohne stationäre medizinische Hilfe!

Der Kommentar des untersuchenden Arztes lautete: "Ich habe noch keinen Menschen in so einem Zustand getroffen, der dies ohne medizinische Hilfe überlebt hätte!"

Nun, ich habe überlebt!

Ich konnte nicht mehr laufen, nur mit vielen Kissen überhaupt auf einem Stuhl sitzen, und trotzdem habe ich es überlebt – ohne ärztliche Hilfe, nur durch die Kraft meines Bewusstseins und die Liebe zu meiner Familie.

Diese Erfahrung war der Auslöser dieses uns innewohnende Bewusstsein noch mehr zu erforschen, es verstehen zu lernen und effektiv zu gebrauchen.

Jetzt, aus meiner heutigen Sicht, kann ich diesen Unfall vor 22 Jahren als ein Geschenk betrachten, auch wenn ich Vieles gehen lassen musste.

Diese, meine persönliche Erfahrung hat jedoch eine wichtige Eigenschaft. Sie zeigt die Möglichkeiten und die Richtung, welche im 21. Jahrhundert von Bedeutung sein können und werden.

Die Probleme unserer Zeit sind mithilfe unseres Bewusstseins, durch Bewusstheit zu lösen. Davon hat mir meine persönliche Erfahrung einen Geschmack gegeben und eine Ahnung, was alles möglich ist und möglich sein kann.

Wir Menschen sind faszinierende Wesen, die jedoch meist nur einen Bruchteil ihrer Fähigkeiten in Besitz nehmen und effektiv nutzen.

Dies hat zur Folge, dass wir unsere täglichen Entscheidungen im Kleinen wie im Großen eindimensional, bestenfalls zweidimensional treffen.

Diese Unbewusstheit liefert uns Tag für Tag, Jahr für Jahr, Jahrhundert für Jahrhundert sehr beschränkte, konditionierte Entscheidungen, die wieder sehr viele konditionierte und oft schwierige Konsequenzen zur Folge haben und hatten.

Nun, diese Meditationen sollen inspirieren, das ganze Potenzial des eigenen Bewusstsein zu suchen und es weise zu gebrauchen.

Nur, wer fähig ist Über-, Wach- und Unterbewusstsein in ein harmonisches Ganzes zu fügen, wird weise Entscheidungen treffen, die wiederum weise Ergebnisse liefern.

Dies ist die große Aufgabe des 21. Jahrhunderts, unser Potenzial nicht nur in Technik und Fortschritt zu verwirklichen, sondern uns selbst zu großartigen Wesen zu erwecken.

Die Gehirnforscher erzählen uns dies schon lange Zeit, trotzdem ist die mentale, globale Entwicklung schleichend.

Samuel ist ein Teil von dir, von uns allen. Er fordert uns auf, unser volles Potenzial in Besitz zu nehmen.

Höre, was er spricht und dein eigener Samuel erwacht!

Samuel 1

Jetzt bin ich da, dein Freund und heiße Samuel. Immer war ich da an deiner Seite und doch hast du mich selten wahrgenommen. Dies wird jetzt anders.

Ich erzähle dir von Gott und seinem Bewusstsein. Es ist für Menschen schwer zu begreifen, dass ich nicht existiere. Ich bin eine Erfindung von euch Menschen.

Aber du hast dich als Samuel vorgestellt?

Ja, das stimmt. Aber im Moment bin ich dein Gott.

Das verstehe ich nicht. Kannst du es mir erklären?

Natürlich!

Alles worauf du deine Aufmerksamkeit richtest und darin verharrst, wird zu deinem Gott.

Also ist Gott Konzentration?

Nein, es ist die Essenz deiner Gedanken.

Und woher kommen die Gedanken?

Sie waren schon immer da und nicht da. Sie wandeln sich bereits innerhalb kürzester Zeit.

Und was soll daran Gott sein?

Der Impuls ist Gott. Ihr Menschen braucht dafür einen Namen.

Und was ist mit den Religionen?

Die meisten Religionen und religiösen Strömungen brauchten Futter, Gedankenfutter, um zu entstehen. Die Gefühle der Menschen entfachten das Feuer und verbrannten die Gedanken der Menschen. Es zündete Feuer und erhitzte die Sinne der Menschen, bis einzelnes wahres, weises, aber auch wahnhaftes Gedankengut aufgeschrieben und dem Volk zum Fraß vorgeworfen wurde.

Aber wer ist nun Gott und wie finde ich ihn?

Einzig in der Stille eures Bewusstseins.

Samuel 2

Hallo Samuel, schön dass Du wieder da bist.

Ja, gerne!

Heute habe ich eine Frage zum Islam und den Selbstmordattentätern.

Ja, bitte!

Was hältst du davon, wie kannst du es mir erklären, dass sich junge Leute in die Luft sprengen?

Ja, ganz einfach, sie sind froh und glücklich in ihrer Angst.

Was soll das? Das widerspricht sich!

Nein (*er lacht*), tut es nicht!

Sieh mal, Angst ist eine Form von Energie, starker Energie mit Sogwirkung und Magnetismus.

Wird die Angst so stark, breitet sie sich aus, wird übermächtig und kehrt sich in ihr Gegenteil. Sie ist plötzlich nicht mehr existent, nicht mehr fühlbar, wahrnehmbar. Es ist, wie wenn Plus- und Minuspol sich umkehren. Angst wird zur Wahrheit, die es zu erreichen gilt. Es ist wie eine Droge.

Was kann man dagegen tun, damit so schlimme Dinge nicht mehr passieren?

Nichts, außer lieben und sich befreien von allen Anhaftungen.

Und was hältst du von der Religion des Islam?

Was soll ich davon halten, sie ist wie jede andere ein von Menschen gemachtes Konstrukt ihrer Gedanken und Eingebungen. Dies unterscheidet sich nicht von anderen Religionen. Immer wieder werden Inhalte zu politischen Zwecken missbraucht und um- beziehungsweise fehlgedeutet.

Aber das gehört zu Religion.

Betrachtet eure Geschichte und ihr werdet viele Parallelen feststellen.

Eine Religion zu leben ist Ansichtssache, Auslegung und Temperament. Sie wurde geschaffen für Übungszwecke der Seele.

Sie ist das Fitnessstudio für deine Seele (*lacht*), egal ob Christentum, Islam, Judentum.

Samuel 3

Ich möchte etwas über das Gewissen erzählen.

Dies ist der Schlüssel zu eurer menschlichen Befreiung von Leid und Terror.

Wieso?

Wenn das Gewissen rein und klar ist, entsteht Liebe, bedingungslose Liebe. Diese ist nicht fähig zu töten, auch da sie weiß, dass ihr Menschen im Grunde unzerstörbar seid. Der Energieerhaltungssatz von Einstein hilft euch dies zu verstehen und ist der Schlüssel zu tieferem Verständnis.

Und wie lehre ich die Menschen dies? Wie werden sie es verstehen?

Nur durch Einsicht. Einsicht entsteht (leider) nur durch Erfahrung, manchmal bittere Erfahrung. Aber auch das Licht kann man nur im Vergleich zur Dunkelheit erkennen.

Die Einsicht schafft tiefes Verständnis der Wirklichkeit und dies prägt dein Gewissen.

Und was bedeutet dies konkret für unsere Welt, die Menschen, Politiker und Staatsführer?

Es bedeutet, dass die Menschen, die an den entscheidenden Positionen sitzen, also die sogenannten Drahtzieher, unabhängig von Kultur und Religion, einer anderen Ausbildung bedürfen.

Diese Menschen sind meist irdische Verstandesmenschen, zumindest in der westlichen Welt, die höchstens ihre Sichtweise aus Kultur, Religion und Wissenschaft beziehen.

Saint-Exupéry sagt in seinem Buch *Der kleine Prinz*: „Man sieht nur mit dem Herzen gut". Und genau um diese Sensitivität und dieses universelle Verständnis geht es. Diese Reinheit des Herzens ist der Stein des Weisen, den es zu erreichen gilt.

Auch in der Schulbildung wären andere Schwerpunkte sinnvoll. Aber darauf werde ich später zu sprechen kommen.

Ein authentisches Herz ist für alle wichtig, aber besonders für die Menschen an leitenden und entscheidenden Stellen. Das heißt jedoch nicht, den

Verstand außer Kraft zu setzen. Er ist ein wertvolles und sinnvolles Instrument.

Entscheidend ist, wer der Boss von beiden ist (*lacht*).

Verstand und Herz sollten eine gute Ehe führen (*schmunzelt*)!

Samuel 4

Bedingungslose Liebe ist der wahre Grund eures Daseins. Dies zu begreifen ist der Beginn und das Ziel eurer Erdenreise.

Wer sie gefunden hat, erkennt in ihr die Antwort auf ALLE Fragen.

In ihr lösen sich alle Probleme, wie Schnee, der in der Sonne schmilzt.

Und wie kann ich dies umsetzen?

Indem du deine Ehrlichkeit (Wahrhaftigkeit) trainierst. Ja, ich sage trainierst.

Lerne Bewusstheit in deine Handlungen zu bringen, frei von Eitelkeit, Macht, Gier und Anhaftung.

Ein authentischer Mensch ist Liebe. Liebe in allen Facetten seines Daseins.

Samuel 5

Es braucht Toleranz!

Aber was ist, wenn die Toleranz einseitig ist?

Dann gibt es einen einseitigen Ausgleich!

Über viele Jahrhunderte ist dies zu sehen.

Die Schwerpunkte verschieben sich und es kommt zu Kampf und Wut. Jeder will der Stärkere sein, besiegen, im Recht sein. Aber es gibt kein Recht.

Recht ist eine Erfindung des Menschen. Ihr habt Gesetze geschaffen und vererbt sie Generation an Generation weiter. Passt sie den äußeren Gegebenheiten an.

Ja, das ist richtig und auch nicht verkehrt. Nur beachtet ihr nicht, dass es menschliche Gesetze sind. Manchmal verkauft ihr es als von Gott, Allah … gewollt und befohlen.

Das bringt Konflikte.

Es gibt universelle Gesetze, aber die hat das Universum erschaffen (*lacht*)!

Wenn ihr Homöopathie begreift, begreift ihr auch die Gesetzmäßigkeit.

Es ist alles einfacher, als ihr denkt und genau dies ist die Schwierigkeit.

Und wie löse ich die Konflikte auf Erden?

Liebe und Dank befreien eure Seele. Stille führt zur Erkenntnis. Glaube transformiert in Wissen. Wertschätzung verzaubert dein Leben in Glück.

Samuel 6

Ich bin dein Samuel und spreche heute über die Befreiung. Befreiung von eurem Leid. Oft unsägliches Leid. Menschliches Leid, denn es gibt kein Vergleichbares. Und genau dies ist das wunderbare, einzigartige daran. Leid ist wie eine Frucht. Köstlich, exotisch, oft frisch, manchmal ungeniessbar sauer; wenn verdorben, gesundheitsschädlich, manchmal sogar seelenschädlich.

Trotzdem ist es notwendig und nährend, seelennährend, um zu begreifen, was ist.

Was ist? Was ist denn?

Schweigen

(Samuel antwortet nicht, vielmehr ist das Nichtantworten, das Schweigen seine Antwort.)

Warum leiden wir?

Leiden ist ein großer Teil des Geheimnisses des Fühlens. Ohne Leiden wäret ihr nicht fähig die Tiefe eurer Gefühle wahrzunehmen und zu leben. Und dies ist das größte Geschenk überhaupt auf Erden. Ihr begreift dies nur leider nicht zu Lebzeiten.

Was ist unsere Aufgabe hier auf Erden?

Spielen! Spielen! Spielen!

Wie meinst du das?

Ich meine, ihr sollt euch eurer Freiheit und eures Privileges bewusst sein und jeden Augenblick auf Erden genießen. Leben zu dürfen, ist Liebe. Ein Geschenk an euch selbst. Denn wer seid ihr denn, wenn nicht Gott verkleidet!

Leben auf Erden ist wie eine Faschingsparty. Ihr schlüpft in Rollen und spielt sie eine Weile.

Gibt es einen Sinn hier zu sein?

Ja, zu erkennen, dass es keinen Sinn macht in menschlich gedachter Form. Sinn ist Sein. Sein ist Liebe. Und Liebe ist Gott. Und Gott hat universelle Gesichter.

Samuel 7

Eure Staatsführer, ihr nennt sie Präsidenten, Kanzler & Co brauchen eine andere, erweiterte Ausbildung.

Ihnen fehlt die Weisheit.

Sie haben einen irdischen Horizont, ähnlich der Vorstellung einer Scheibenwelt des Mittelalters. Sie blicken nicht über ihren Tellerrand hinaus. Außerdem verstehen sie nicht, dass es keinen Tellerrand gibt.

Verstehst du diesen Vergleich?

Ich glaube, aber führe es bitte noch etwas genauer aus. Danke!

Ihr Bewusstsein ist begrenzt, so begrenzt, wie ein Tellerrand (*lacht*).

Sie sollten erst einmal das Universum als solches erahnen können, bevor Sie versuchen die Welt zu regieren. Dies bringt Unheil und brachte zigmal Unheil auf Erden.

Was möchtest du ihnen sagen?

Sie sollten meditieren lernen. Dies ist das ABC der Weisheit und sie sollten frei werden von Anhaftungen im Geist, im Körper und in der Seele.

Sie sollten die Liebe verstehen und integriert haben. Alle Werte wie Respekt, Toleranz und Mitgefühl sollten in ihnen verankert sein. Alle Entscheidungen auf allen Ebenen durchdacht und durchlebt sein, das heißt, im Bewusstsein, Unter- und Überbewusstsein.

Und sie sollten die Kommunikation auch nonverbal beherrschen, sowie fähig sein zu „materialisieren".

Wenn ihr beginnt, eure Staatsführer nach diesen Kriterien auszubilden und solche transzendentalen und hybridialen Menschen eure Erde anvertraut, kann es einen evolutorischen Quantensprung in Richtung Frieden geben.

Trotzdem, ich sage KANN!

Nichts ist wirklich festgeschrieben auf Erden und im Universum. Alles besteht als Möglichkeit. Dies ist Chance, Kreativität und Fluch zugleich!

Samuel 8

Es liegt mir etwas auf dem Herzen, das ich euch mitteilen möchte.

Ihr seid in so einer schwierigen Zeit gefangen und sucht nach Lösungen.

Lösungen für das ökologische Gleichgewicht hier auf Erden, Lösungen gegen den Terror und die Kriege auf Erden, Lösungen für die Flüchtlingsströme und Lösungen für den Hunger auf Erden.

Alles entspringt einer Wurzel des Übels.

Erkennt endlich, dass eure Gier euch in den Abgrund treibt.

Gier nach Macht, Gier nach Geld, Gier nach Ruhm, Gier nach Ansehen …

All dies verseucht eure Seele und euren Planeten.

Die Gier entsteht aus der Angst.

Angst nicht zu überleben, Angst ausgelöscht zu werden, Angst zu sterben .
Aber dies ist die größte Illusion auf Erden, die eure Welt am Laufen hält.

Ihr könnt nicht zerstört werden, ihr könnt nur umgewandelt werden.

Wir haben euch so viele Beispiele auf Erden gegeben, damit ihr dies begreift.

Dampf – Wasser – Schnee, alles ist dasselbe, lediglich in einem anderen Aggregatzustand.

Diese Erkenntnis wird euch befreien!

Samuel 9

Ihr leidet unter Amnesie und seid euch dessen nicht bewusst. Ihr habt vergessen, wer ihr seid und woher ihr kommt. Dies hat fatale Folgen.

Ihr versucht euren Impuls der Unendlichkeit, den Keim, der noch in jedem von euch steckt in dieser Dimension zu verwirklichen. Das geht nicht, beziehungsweise richtet großen Schaden an.

Immer mehr, immer größer, immer schneller ist keine Lösung eurer Probleme.

Lernt die Gesetze jeder Dimension zu achten und zwischen den Welten zu reisen.

Dies wird eure Herzen befriedigen und euren Durst nach Freiheit und Grenzenlosigkeit stillen.

Werdet satt im Geiste und ihr werdet die Freuden der Genügsamkeit und Einfachheit erleben.

Samuel 10

Umweltschutz ist auch ein großes Thema derzeit auf Erden.

Ihr braucht mehr Kreativität, um an Energie zu kommen.

Ihr denkt immer noch in „alten Strümpfen". Es ist so leicht an Energie zu kommen und doch seid ihr blind es zu entdecken.

Ich werde euch ein paar Anregungen geben, um euch eine Vorstellung zu geben, wie einfach dies ist.

Bewegung ist z. B. ein Schlüssel zu Energie. Alle eure Fitnessgeräte in den Fitnessstudios mit Generatoren auszustatten, ist die einfachste und simpelste Art, Strom zu erzeugen. Außerdem tut ihr eurem Körper dabei noch etwas Gutes.

Nahrung ist Energie. Nahrungsüberschüsse, die nicht ohne weiteres in Not- und Krisengebiete gebracht werden können, können auf noch viel effektivere Weise in Strom und Energie verwandelt werden. Ihr seid nicht mehr weit von dieser Technologie entfernt.

In absehbarer Zeit werdet ihr fähig sein jedem Lebewesen auf diesem Planeten einen Chip zu implantieren, der jede Bewegungsenergie oder überschüssige Wärmeenergie in ein globales System einspeist.

Wenn die Zeit reif ist, dass ihr Menschen willens und fähig seid eure Gier zu bezwingen und es schafft mit einer optimierten Nahrung auszukommen und alles Fast Food unter Strafe stellt, wird sich der Planet und die Menschheit in kürzester Zeit regenerieren.

Nicht zu vergessen, dass ihr viel weniger Geld für Nahrung, Medizin etc. ausgeben müsst. Was wiederum bedeutet, dass ihr weniger Geld verdienen müsst. Was wiederum bedeutet, weniger arbeiten zu müssen.

Lernt kreativ zu sein und habt vor allem Mut, alte Gewohnheiten hinter euch zu lassen und euch auf Neues einzulassen. Die Erde wird es euch danken!

Samuel 11

Euer Geist ist eure stärkste Waffe im Kampf gegen das sogenannte Böse.

Was ihr als böse erachtet ist relativ und unterliegt der individuellen Perspektive. Zugegeben ist der Blickwinkel oft oder meist getrübt durch traurige, graue und seelenlose Erfahrungen. Dies bildet eine Kette im Reigen und Tanz der Inkarnationen.

Also, euer Geist ist das ultimative Werkzeug und Waffe zugleich.

In eurer Dimension überprüft und kontrolliert ihr per Datenübertragung eure Mitmenschen, hackt euch in deren Systeme ein, manipuliert oder stehlt Informationen.

Das gleiche ist im Geiste möglich. Es bedarf nur einer Schulung. Aber auch Fähigkeiten im Bereich Informatik beispielsweise sind nicht angeboren, sondern müssen geschult und erarbeitet werden.

Ihr seid fähig euch in das Bewusstsein eures Gegenübers/Feindes einzuhacken und es zu manipulieren zum Guten wie zum Bösen. Seid euch dieser Macht bewusst und bildet ein Team von Fähigen, die sich in die Köpfe von Terroristen und „geisteskranken Politikern" einhacken, um deren Gesinnung in Richtung Frieden zu verändern und zur Vernunft zu bewegen. Dies hat nichts mit Zauberei zu tun. Jeder ausgebildete Mentalist in eurer Dimension wird mir dies bestätigen.

Studien über Heilung durch Fernbehandlungen und Meditation gibt es schon längst und sind sogar schon einigermaßen anerkannt. Mentaltraining und Hypnose boomen und trotzdem verwendet ihr diese überdimensionale Kraft nicht in der Politik.

Stimmt nicht ganz, wenn die „ganze Welt" über Terror spricht, gebt ihr dem Terror unendliches Futter und vermehrt ihn, obwohl ihr ihn gerade zu vermeiden sucht.

Lernt die Gesetze des Geistes verstehen, lehrt sie euren Kindern, wie das Einmaleins und eure Welt wird sich in wenigen Jahren wandeln.

Samuel 12

Wer seid ihr, wenn nicht Götter und doch benehmt ihr euch wie Vandalen.

Ihr habt einen freien Willen bekommen, das Göttlichste, was man besitzen kann und doch missbraucht ihr ihn schändlich und nicht euresgleichen würdig.

Kein wahrer Gott würde sich für Geld, Ansehen und Ruhm kaufen lassen. Dies ist alles Blendung.

Was ihr braucht ist Liebe, Mitgefühl und Frieden. Frieden in euren Herzen.

Doch eure Herzen gleichen eher leblosen Steinen. Verzweifelt versuchen sie lebendig zu werden und schießen über das Ziel hinaus.

Ihr reagiert mit Angst, Herzklopfen, Bluthochdruck, Herzrasen etc.

Die Antwort auf eure Probleme ist Frieden. Frieden in eurem Geist und in euren Herzen.

Dann, wenn ihr es schafft nicht mehr in Resonanz zu gehen, wenn die ganze Welt tobt, Unwetter eure Städte verwüsten, Flüchtlingsströme eher einer Invasion gleichen, Selbstmordattentäter Grauenvolles vollbringen und Korruption an der Tagesordnung steht, wird sich die Welt langsam aber sicher beruhigen.

Das Nichtanhaften, wie Eckhart Tolle es beschrieben hat, der gewaltlose Widerstand, wie Mahatma Gandhi es euch vorgemacht hat, wird subtil, nachhaltig und effektiv Wirkung zeigen.

Eure Bildung und Erziehung braucht andere Schwerpunkte, damit eine Generation von Verständnis, Mitgefühl und Weisheit entsteht.

Ihr Menschen seid wie blinde Autofahrer, die ohne es jemals richtig gelernt zu haben in große, dicke Autos einsteigen, meinen es zu beherrschen und einen Unfall nach dem anderen bauen.

Lernt euren Geist ethisch, moralisch und liebevoll zu gebrauchen und alles wird gut.

Samuel 13

Die Einsicht ist ein weiterer mächtiger Schlüssel zur Veränderung. Einsicht kann aber nicht erzwungen werden.

Aber wie gelangen Menschen zur Einsicht?

Einsicht entsteht aus Erfahrung. Erfahrung, die oft gefärbt und beeinflusst ist von Konditionierung.

Als Kind übernehmt ihr alles ungefiltert von euren Eltern und erachtet es als wahr und richtig.

Unbewusst prägen diese Erfahrungen und Einstellungen euer Handeln als Erwachsener subtil und automatisch. Ebenso alle Einflüsse und Überflutungen – und das sind viele in eurer Zeit – durch Medien, Werbung, Internet usw.

So seid ihr eigentlich nur noch Marionetten eurer Konditionierungen und lebt unbewusst, modeabhängig im Strom der Zeit.

Wie kann man dem entrinnen?

Indem ihr endlich begreift, dass nicht nur Hygiene im körperlichen Bereich, sondern vor allem auch auf emotionaler und geistiger Ebene notwendig ist.

Hier einen Fokus zu setzen, wird nachhaltig Veränderung bringen. Schon das Wort Fokus ist ein Teil der Übung.

Was heißt dies nun konkret? Wie kann ich dies umsetzen, nicht nur als Einzelner, sondern global?

Einfach und doch mühsam, da eure Mühlen auf diesem Planeten sehr langsam mahlen.

Beginnt damit es zur Pflicht und selbstverständlichen Gewohnheit zu machen, vor jeder längeren Tätigkeit Atemübungen zu praktizieren.

Konkret: Beginnt den Tag mit der Konzentration auf den Atem. Ein – aus, circa zwei bis fünf Minuten lang. Und beendet den Tag damit.

Jede Schulstunde, jede Versammlung, jede Party ... sollte damit beginnen und enden. Es sollte zu einer selbstverständlichen Gewohnheit werden, ähnlich einem Gruß und einer Verabschiedung. Eine non-verbale Verständigung und Zentrierung.

Das wird euch verändern, regenerieren, eure Emotionen beruhigen, euren Geist klären und Weisheit in eure Kommunikation bringen.

Wartet nicht mehr, sondern beginnt damit: täglich, eine Gewohnheit, global verbreitend.

Dies ist ein viel größerer und effektiverer gemeinsamer Nenner, als alle Bündnisse, EUs und Co. (*schmunzelt*)!

Samuel 14

Kommunismus und Kapitalismus haben nicht funktioniert und tun es bis heute nicht, zumindest nicht, ohne dass irgendjemand dabei Schaden nimmt.

Die Kluft zwischen Arm und Reich wird immer größer und ihr findet keine Lösung für dieses Problem, welches euch in den Abgrund zu stürzen droht.

Der Schlüssel zu einer globalen Heilung liegt im Verständnis der evolutorischen Prägungen, die wir alle noch in uns tragen.

Der Einzeller, das Raubtier, der Affe und der Urmensch sind in euch immer noch enthalten.

Leider seid ihr euch dessen meist nicht mehr bewusst, vielmehr kämpft und unterdrückt ihr diese in euch und bekämpft Evolutionsanteile, die von anderen Völkern gelebt werden und euch fremd geworden sind.

Ihr wollt sie zu besserem, fortschrittlicherem Handeln bewegen und erkennt nicht die Weisheit und Genialität in jedem evolutorischen Schritt.

Erst wenn ihr dies begreift, in euch diese Anteile wieder zum Leben erweckt und auch „dem Krokodil" seinen rechten Platz in eurem System weist, kann Kommunikation, Verständnis und Frieden entstehen zwischen den verschiedenen evolutorischen Ausprägungen, individuell und global.

Der Kampf um Futter und Überleben wird zu einem Tanz der Vielfalt, der es schafft, alle Teile zu integrieren und in Harmonie zu bringen, gleich einer großen sinfonischen Dichtung.

Die Bewusstheit im Einzelnen, schafft Bewusstheit im Ganzen.

Samuel 15

Es ist nicht einfach mit euch Menschen!

Warum?

Ihr seid so engstirnig. Ich meine es ernst. Im wahrsten Sinne des Wortes. Ihr kennt nur euren weltlichen Horizont und selbst der ist für das Bewusstsein der meisten Menschen schon zu weit gesteckt.

Ihr Menschen dreht euch im Kreise, wie eine Maus im Mausrad und dies ist ihr/euer ganzes Universum.

Kinder sind manchmal noch weiser im Verständnis der universellen Zusammenhänge. Da fällt mir ein, ein Prophet von euch, namens Jesu soll einmal gesagt haben: „Werdet, wie die Kinder!"

Er hat recht! Kinder sollten eure Lehrmeister sein, vor allem in globalen oder politischen Angelegenheiten (*lacht*)!

Ich habe einmal ein Kind in eurer Welt sagen hören: „Ich fahre nicht mit dem Auto, dann sterben nämlich die Eisbären! Und ich mag Eisbären!"
So einfach! Und recht hat es.

Ihr Erwachsenen sagt, das geht nicht so einfach, da hängen so viele Dinge daran. Und es würde fatale Folgen für die Wirtschaft haben, wenn das Autofahren limitiert und wenn Urlaubsfahrten gestrichen würden, Arbeitsplätze nur in bestimmter Reichweite sein dürften und, und, und …

Ihr würdet kopfstehen, da eure lieben Gewohnheiten bedroht wären, ihr finanzielle Einbußen fürchten würdet und ihr euren Lebensstandard vielleicht verändern müsstet.

Aber alles ist relativ in eurer Dimension, vergänglich und endlich.

Und eurer Planet ist eure Heimat und die Heimat eurer Kinder.

Diesen zu achten und zu schützen ist das Fundament eurer Existenz. Eure Sicherheit! Und dies vergesst und verdrängt ihr Tag für Tag.

Für euer Gewissen redet und diskutiert ihr tage-, wochen-, monate-, jahrelang, um euch sagen zu können, wir sind dabei, etwas zu tun.
Und es vergehen wieder Jahre.

Faule Kompromisse sind die Lösungen eurer Zeit.

Eine Zeit in der Verdrängung, Täuschung und Korruption im feinen Anzug an der Tagesordnung ist.

Samuel 16

Eure irdische Limitierung erzieht euch zur Grenzenlosigkeit!

Wie soll ich das verstehen?

Betrachtet jeden Tag, als wenn es euer letzter wäre und ihr werdet euch wandeln zur Bewusstheit.

Bewusstheit ist wiederum der Schlüssel zur Universalität oder Erleuchtung, wie ihr es in dieser Dimension nennt.

Ihr seid nicht allein im Universum und ihr habt auch eine universelle Verantwortung.

Alles ist mit allem verbunden und dies sollte euch IMMER bewusst sein.

Dieses universelle Gesetz gilt auf Erden und im Universum.

Also jede Tat, jede Emotion, jeder Gedanke jedes Einzelnen hat kosmische Auswirkungen.

Und eure Begrenztheit und Sterblichkeit ist ein Segen für euch.

Ihr könnt das Spiel auf ein Neues beginnen und seid nicht auf Gedeih und Verderb an ein Leben gefesselt.

Seid euch dessen bewusst, achtet eure Begrenztheit, nutzt eure Zeit und feiert eure Sterblichkeit.

Dieses Bewusstsein verleiht eurem Wirken Weisheit.

Samuel 17

Ich möchte heute über euer Steuersystem sprechen .

Ehrlich gesagt, halte ich es nicht für sehr sinnvoll, auch wenn es im Grundgedanken richtig ist.

Das Problem bei euch Menschen ist, dass ihr es so institutionalisiert habt, dass es sich verselbstständigt hat und das Gefühl des Grundgedankens für den anderen etwas abzugeben, für die Gemeinschaft seinen Beitrag zu leisten, verloren gegangen ist.

Anstelle dessen hat sich global, in den Ländern, in denen Steuerrecht praktiziert wird, Wut und Ärger breitgemacht.

Außerdem wird mit allen Mitteln legale und illegale Täuschung versucht und Opportunismus gelebt.

Dies hat fatale Folgen für die emotionale und ethische Entwicklung für euch Menschen.

Ich schlage euch vor, diesen ethischen und sinnvollen Grundgedanken des Gebens wieder zu neuem

Leben zu erwecken, indem ihr ihn wieder individualisiert und ins Kleine, Überschaubare, Fühlbare bringt.

Geben und Nehmen müssen in Balance sein und sich gegenseitig abwechseln, sonst droht es zu scheitern.

Ich gebe euch ein Beispiel: Jede Familie, jeder Mensch bekommt einen Paten auf Erden. Der Austausch wird auf allen Ebenen gepflegt und die Unterstützung ist angemessen und sinnvoll.

Ein sogenannter Reicher eurer Dimension unterstützt einen Armen finanziell, der Arme unterstützt den Reichen in seiner Emotionalität und Liebesfähigkeit und so weiter.

Wenn ihr glaubt, dass dies nicht gerecht sei, täuscht ihr euch. Ihr denkt einfach immer nur eindimensional!

Eine Gemeinschaftsgabe muss überschaubar sein und auf Einsicht beruhen, sonst wandelt sie sich in Hass und Neid und dies ist pures Gift für euren Planeten.

Diese Negativemotionen sind in ihrer Wirksamkeit mit der Atomenergie vergleichbar. Seid euch dessen bewusst und klärt die Emotionalität eurer Völker.

Solange ihr aber Reichtum nur auf materieller Ebene begreift, wird dieses System nicht funktionieren.

Samuel 18

Balance halten ist ein wichtiger Schritt zur Befreiung und Werteentwicklung dieses Planeten.

Ihr seid aus den Fugen geraten und es ist keine Besserung in Sicht. Balance bedeutet Mitte und Ausgleich.

Ich schätze es wert zu sehen, wie ihr versucht die Armut zu bekämpfen. Trotzdem trügt der Schein.

Zu viele von euch sind noch befallen von Gier und Unmaß.

Das seht ihr daran, dass Einzelne, wenige Unermessliches verdienen, grenzenlos, maßlos, nur weil sie beispielsweise einen Ball kicken können oder der Chef einer Firma sind.

Ihr versucht ein Mindestmaß an Lebensstandard allen Menschen auf Erden zu gewähren, doch dies wird nur funktionieren, wenn ihr auch bereit seid, eine Obergrenze an Verdienstmöglichkeit festzulegen, um einen Ausgleich zu schaffen.

Dies und nur dies wird wieder eine Mitte herstellen, die dafür sorgt, dass alle Lebewesen, das Tier- und Pflanzenreich mit eingeschlossen, ein lebenswertes Dasein führen.

Eure kapitalistische Gier wird euch noch ALLES kosten, wenn ihr nicht bereit seid umzudenken und den maßlosen und opportunistischen Gier- und Geizhälsen Einhalt gebietet.

Niemand kann tonnenweise Nahrung in sich aufnehmen, geschweige denn verdauen. Dies würde ihn krank machen, lebensbedrohlich krank. Und genau dies entspricht den Superreichen, die auf ihren Millionen und Milliarden sitzen, vor Angst ihr Geld zu verlieren, krank werden und Millionen von Menschen gewissenlos ausnutzen und erbärmlich verhungern lassen.

Dies schafft Karma.

So seid euch gewiss, dass ihr beide Seiten erleben müsst, bis ihr einen Ausgleich findet und eure Mitte zum Zentrum des Universums erstarkt.

Samuel 19

Euer Strafsystem ist überholt, mittelalterlich und nicht zukunftsfördernd.

Wenn in eurer Dimension jemand Unrecht begeht oder das Leben eines anderen raubt, sperrt ihr ihn weg oder verhängt die Todesstrafe.

Dies ist sehr kurzfristig gedacht.

Beginnen wir mit der Todesstrafe.

Dies ist keine Strafe, manche von euch würden es sogar als Erlösung bezeichnen. Auf jeden Fall gibt es keine Entwicklung, keine Evolution im Geiste und keine Einsicht.

Energie kann nicht verloren gehen, vielmehr nur umgewandelt. Und genau dies geschieht. Das Karma, die unheilvolle Tat ist nicht weg, sondern nur verschoben auf eine andere Dimension.

Abwartend, magnetisch bemüht, wieder zu inkarnieren, um sich verwandeln, entwickeln und verändern zu können, denn das einzig Stabile im Universum ist der Drang zur Veränderung und Verwandlung.

Nur so hält sich das System am Laufen (*schmunzelt*).

Was beinhaltet nun für Dich ein gutes und sinnvolles Strafrecht?

Zuerst müsst ihr verstehen, dass mit dem Wegsperren oder Töten keine sinnvolle Befreiung von Aggression und Mord entsteht.

Es ist richtig, die Bevölkerung vor diesen Menschen zu schützen (Gefängnis), aber es ist eure Aufgabe diesen Menschen Erziehung zu gewähren und die Chance auf Verwandlung zu geben.

Dies kann mit einfachsten Mitteln geschehen.

Ich gebe euch ein Beispiel und Inspiration:

Um Einsicht zu bewirken, gebt den Straffälligen Papier und Stift und lasst sie schreiben. Macht es zur Pflicht und Gewohnheit, dass sie Briefe an ihre Opfer schreiben.

Tag für Tag, Monat für Monat, Jahr für Jahr. Dies wird sie verwandeln auf einfache, subtile und effektive Weise.

Das tägliche Schreiben reinigt jede Seele, jede Emotion, jedes Gefühl, jeden Menschen einfach, nachhaltig und verwandelnd.

Diese simple Methode wird ein Meilenstein im Aufarbeiten von karmischen Belastungen dieses Planeten sein.

Samuel 20

Was bist du eigentlich, du Mensch?

Heute möchte ich mit dir über dein Menschsein sprechen.

Weißt du eigentlich, wie besonders dies ist?

Ein Bewusstsein zu haben, zu denken, Gefühle zu haben, riechen, schmecken zu können, einen Körper zu besitzen, Schmerz empfinden zu dürfen (*lacht*) ist ein Privileg.

Auf die Schmerzen kann ich ehrlich verzichten!

Das glaubst du, weil du den Unterschied nicht kennst.

Eure Traurigkeit, selbst eure Depression ist ein Wunder des Kosmos.

Das Fühlen ist ein Schlüssel zur Befreiung und Erkenntnis.

Dies ist ein kostbares Privileg von euch Menschen.

Wenn ihr lernt es sinnvoll zu gebrauchen und nicht sinnlos zu vergeuden, könnt ihr zu großartigen Schöpfern, Gott ebenbürtig werden.

Das Fühlen ist in seiner Reinheit pure Energie, kostbar und Welten bewegend.

Samuel 21

Eure Währung ist falsch!

Eure Währung ist Geld!

Dies ist Täuschung für euren Geist.

Alles lechzt nach Geld und trotzdem stillt es nicht euren Hunger und eure wahren Bedürfnisse.

Zugegeben, ihr lebt in einem Aggregatzustand, in dem euer Körper Nahrung, Wasser sowie Kleidung (und ein Zuhause) benötigt. Die sind eure existenziellen Grundbedürfnisse.

Doch diese nähren eigentlich nur eure irdischen und körperlichen Grundbedürfnisse.

Euer Herz, eure Emotionen erfahren dadurch jedoch nur kaum Befriedigung.

Lebensfreude als die Währung, nach der ihr eigentlich strebt, habt ihr schon lange aus den Augen verloren. Vielleicht nie in Betracht gezogen.

Lebensfreude als globale Währung, die, wenn in lebendigem Austausch gelebt, ein Garant für Zufriedenheit, Sicherheit und Gesundheit wäre.

Eine stabilere und wachstums- und konjunkturfördernde Währung gibt es nicht.

Geld als Währung hat weder in einer kommunistisch noch in einer kapitalistisch geprägten Kultur, Zufriedenheit d. h. Frieden, Sicherheit oder Gesundheit überzeugend gebracht.

Es bedarf einer Reform in eurer Welt.

Samuel 22

Dein Glaube hat dich geheilt und dein Zweifel hat dir dein Leben, d. h., deine Lebendigkeit genommen.

Denkt über diesen Satz nach und ihr werdet euch verwandeln.

Erkennt, dass euer Geist eine Schlüsselfunktion in eurer Evolution hat. Ebenso eure Emotionalität. Beide beeinflussen sich gegenseitig.

Erst wenn ihr diese Erkenntnis in konkretes Handeln verwandelt, wird sich der Grundcharakter eurer Menschheit verändern.

Und dies bewirkt wieder einen evolutorischen Schritt in Richtung Frieden.

Warum ist Frieden eigentlich so erstrebenswert?

Frieden schafft die Möglichkeit der geistigen Ruhe und Beschaulichkeit. Dies führt zur Klarheit im Geiste und Klarheit im Geiste führt zur Erkenntnis.

Erkenntnis lässt euch erkennen, dass ihr erleuchtet seid. Erleuchtet zu sein bedeutet, dass ihr frei seid.

Frei zu sein ist wie eine Triebfeder, die Energien freisetzt, von denen ihr im Moment nur zu träumen wagt.

Samuel 23

Lehrt eure Kinder das „Glücklichsein". Wahre Glücksgefühle sind unabhängig von Äußerlichkeiten. Vielmehr ist es eine Frage der Gehirnchemie.

Und wie soll das funktionieren?

(*Lacht*) Sehr einfach! Eure Augen sind der Schlüssel zu einem verborgenen Reich, welches unendliche und unbeschreibliche Schätze birgt.

Lernt Techniken, eure Augen im richtigen Maß und in den richtigen Bahnen zu bewegen und sehr bald werdet ihr die Verknüpfungen mit euren Nervenbahnen wahrnehmen.

Dies wiederum stimuliert euer emotionales Geflecht, welches in jeder Zelle, jedem Atom eures Körpers zu finden ist.

Wenn ihr lernt dieses emotionale Geflecht lichtvoll zu beeinflussen, durchfährt euch ein Schauer der Glückseligkeit, welcher mit nichts auf dieser Erde vergleichbar ist.

Ihr kennt und strebt nach körperlicher und sexueller Ekstase, doch wird euch diese Glückseligkeit, wie ich sie beschrieben habe, noch viel tiefere und universellere Befriedigung und Befreiung bringen.

Es ist euer Geburtsrecht, euer Leben in Glückseligkeit zu gestalten, doch die meisten von euch haben verlernt, ihr Potenzial zu gebrauchen.

Wenn ihr es jedoch schafft, in euren künftigen Generationen diese einfache Technik zum Leben zu erwecken, werden sich Krankheit, Gewalt und Krieg drastisch reduzieren.

Das globale Schwingungsmuster wird sich dadurch verändern und die Menschen werden mit diesen „dunklen" Energien einfach nicht mehr in Resonanz gehen.

So einfach ist eure Wirklichkeit (*lacht*)!

Jede Stimmgabel wird euch zu tiefer Erkenntnis führen!

Samuel 24

Heute möchte ich mit euch über Flexibilität sprechen.

Dies ist eine weiterer Schlüsselaspekt in eurer Wirklichkeit. Sie bestimmt über euren Fortbestand.

Das einzig stabile im Universum ist der Wandel. Wer es versteht, wie auf einer Welle reitend mit den Gezeiten zu schwimmen, wird überleben.

Das Haften an Traditionen macht euch starr und unbeweglich.

Wertvolles zu bewahren ist kein schlechter Grundgedanke, doch fesselt er eure Sinne.

Nichts kann verloren gehen, nur umgewandelt werden. Betrachtet die Jahreszeiten und nehmt sie euch zum Vorbild.

Flexibilität gibt euch Inspiration und Erneuerung.

Wer den Sinn von Unzerstörbarkeit und Flexibilität aus tiefstem Herzen begreift, wird frei von Blockierung und Begrenzung – ein Wanderer.

Ein Wanderer auf eurem Planeten, ein Wanderer der Gezeiten, ein Wanderer der Unendlichkeit.

Samuel 25

Was wünscht ihr euch eigentlich für die Zukunft?

Seid ihr euch dessen bewusst?

Manchmal hat man den Eindruck, das Leben von euch Menschen plätschert so dahin, wie ein Bächlein am Wegesrand.

Es wäre sinnvoll für euch Menschen euch ein Ziel zu setzen, ähnlich dem Bach (*lacht*).

Wie soll ich das verstehen?

Erst kritisiert du, dass unser Leben vor sich hin plätschert und dann sollen wir uns den Bach zum Vorbild nehmen. Das widerspricht sich doch!

Nur aus menschlicher Sicht!

Das Ziel jedes Bächlein ist unwiderruflich das Meer. Und bei euch Menschen ist es nicht anders.

Der Vergleich Meer ist Sinnbild für das Göttliche, Unfassbare und All-Eine, oder wie auch immer du es nennen möchtest.

Alle weltlichen, eindimensionalen Ziele sollten die Mehrdimensionalität zum Ziel haben, um multidimensional zur Einheit zu verschmelzen.

Dieser Fokus verschiebt jede banale Entscheidung und führt zielbewusst in die Erleuchtung, also Freiheit.

Und danach strebt ihr alle – bewusst oder unbewusst.

Samuel 26

Wisst ihr eigentlich, dass ihr nichts anderes als Roboter seid!

Dies, was ihr nun zu entwickeln und optimieren sucht, seid ihr selbst.

Ihr seid lebendige Automatismen, konditioniert über Jahrhunderte.

Wenn ihr nicht aufpasst, sind irgendwann eure kreativ erfundenen Geschöpfe der Zukunft die wahren Bestimmer auf Erden.

Das glaube ich nicht. Wir sind doch intelligente Wesen und schließlich steuern wir, wie wir diese Roboter gestalten.

Ja, ich gebe dir recht. Euer bewusster Verstand vollbringt immer wieder Glanzleistungen und hat es schon zigmal getan.

Doch lebt ihr im Automatikmodus, je nachdem, wie ihr gelernt habt zu reagieren.

Ich gebe euch ein simples Beispiel:

Ihr steht unter Stress und greift zur Zigarette, dem Schokoriegel, der Beruhigungstablette …

Auch wenn euer intelligenter Verstand sagt, dass dies nicht sinnvoll oder gut ist. Ihr seid machtlos ausgeliefert. Ihr reagiert einfach automatisch.

Macht euch dies bewusst. Eure Konditionierungen bestimmen eure Reaktionen, Entscheidungen und Handlungen.

Ein Roboter macht nichts anderes.

Wenn ihr dies begreift und fähig seid, eure Konditionierungen selbst zu bestimmen, habt ihr „irdische Erleuchtung" erlangt und seid fähig in den Lauf der Geschehnisse auf Erden einzugreifen.

Dies ist wohl das machtvollste Werkzeug, welches ihr besitzt.

Ich sage Werkzeug (*lacht*)!

Samuel 27

Begrabt endlich die Illusion des Fremden!

Es gibt nichts Fremdes. Euer Geist schürt und nährt diese Illusion.

Daraus entsteht Angst, die sich in körperlichen Reaktionen manifestiert.

Allergien sind ein Beispiel dafür. Alles entsteht aus demselben Urstoff, derselben Ursubstanz. Es ist artgleich und nicht fremd, wie ihr immer zu glauben meint.

Versucht diese gemeinsame Ebene zu begreifen, ähnlich dem Meeresboden, welcher die Heimat jedes Wassertropfen ist.

Dies schafft Ruhe in eurem Geist und die Angst schwindet. Der andere ist nicht dein Feind oder ein Fremder. Er ist DU in einem Spiegel der Möglichkeiten.

Wird diese Wahrheit gelebt, schafft sie unwillkürlich Toleranz und gegenseitiges Vertrauen. Der wahre Nährboden für ein friedliches Leben auf Erden.

Samuel 28

Das Glück auf Erden hängt davon ab, wie weit ihr fähig seid, Strategien zu entwickeln, dass es gelingt.

Seid ihr glücklich, gelingt es!

Es ist wie mit dem Huhn und dem Ei (*lacht*)!

Also auf, tut etwas dafür!

Werdet aktiv und faulenzt nicht!

Dies ist ein kategorischer Imperativ!

Samuel 29

„Das Leben ist wie eine Pralinenschachtel, man weiß nie so recht, was man bekommt."
(Zitat aus *Forrest Gump*)

Dieser Satz ist richtig und falsch zugleich.

Aus menschlicher Sicht mögt ihr Recht haben und es zutiefst ungerecht empfinden, aber dies ist nicht so.

Ein Leben in Armut, Krankheit oder Krieg ist nicht schlechter als ein Leben in Wohlstand, Gesundheit und Frieden.

Es ist anders!

Du bist wohl nicht bei Sinnen, wenn du so etwas sagst, dies kann nicht dein Ernst sein. Ich kann dies jedenfalls nicht verstehen.

Ich sage aus menschlicher Sicht ist ein Leben in Wohlstand, Gesundheit und Frieden natürlich die bessere Wahl. In einer anderen Dimension ist es euer natürlicher, göttlicher Zustand.

Doch, um sich dessen bewusst zu werden, bedarf es manchmal des Gegenteils. Einfach, um euch den Unterschied bewusst zu machen und euch zielbewusste Liebe zu lehren.

Krankheit, Schmerz, Armut und Krieg sind wie Turbinen in einem Kraftwerk. Sie treiben euch an, euch eurer Göttlichkeit zu erinnern. Es klingt schmerzhaft, ist aber wahr!
Alles zielt auf Erkenntnis im Herzen, in eurem Geist und in eurer Seele.

Ich stelle dir eine Frage: Alles ist bekanntlich Schwingung im Universum. Und wie, auf welcher Frequenz schwingst du?

Samuel 30

Nun möchte ich noch ein Wort an alle Terroristen dieser Erde richten.

Was sollen all diese Anschläge? Meint ihr wirklich, dass ihr damit etwas erreicht, etwas verändert?

Eurer Wut blinden Ausdruck zu verleihen, ist nicht effektiv.

Es ist verpuffte Energie, wie ein lächerlicher Knallkörper!

Ihr habt euren Geist und eure Emotionen nicht unter Kontrolle und deshalb wollt ihr die Welt kontrollieren. Unter allen Umständen, zu jedem Preis.

Den höchsten Preis, den ihr zahlt, seid ihr selbst.

Auch wenn ihr euer Leben und das Leben eurer Mitmenschen nicht achtet, es wahllos zerstört, zerstört ihr etwas viel Tieferes, etwas eigentlich Unsterbliches.

Etwas, was das kostbarste Gut auf Erden ist.
Es ist bitter, denn es bringt langsam, stetig aber

unwiderruflich das Universum zum Erkalten.

Und das geht auch dich, lieber Terrorist, an, der du im Namen Gottes, Allahs oder wessen Namen auch immer, tötest.

Deine wahre Heimat und die Heimat deiner Familie, die Heimat der Menschen, die du liebst, wird Stück für Stück in ihrem Grundmauern in Frage gestellt.

Das Einzige, was zählt, egal in welcher Dimension, ist Liebe, gelebte Liebe.

Und indem du den anderen tötest, tötest du deinen Funken Liebe in dir.

Und es ist für dich, lieber Terrorist, dein WAHRER und EINZIGER Untergang.

Überlege dir gut, was du tust. Und höre auf, dich auf so grausame Art selbst zu verletzen und zu zerstören.

Du hast die Wahl!

Jetzt!

Samuel 31

Es gibt noch mehr Terroristen hier auf Erden, als die, zu welchen ich bis jetzt gesprochen habe.

Diese bisher genannten sind meist „kleine Fische" im Vergleich zu anderen, welche in erschreckend großem Ausmaß töten oder töten lassen.

Erstaunlich ist nur, dass ihr Menschen oft blind seid, diese „großen Fische" als solche zu identifizieren. Vielleicht wollt ihr es auch einfach nicht sehen.

Interessant sind auch eure Legimitationsversuche, so wie eure Begriffsbezeichnungen, wie etwa „Kollateralschäden".

Dem Morden eine weiße Weste übergezogen?

Da täuscht du dich, das ist nicht wahr!

Wahr ist, dass Millionen von Menschen sterben mussten und es bis heute noch tun, weil einzelne Mächtige, die Macht besitzen, solche Gräueltaten zu verüben beziehungsweise verüben zu lassen.

Sie selbst würden sich jedoch nie dabei die Finger schmutzig machen.

Von was sprichst du, ich kann dir nicht folgen? Ja, es gab und es gibt Kriege, viele Kriege auch in jüngster Zeit. Aber die hatten und haben alle einen Grund.

Ja, es gab und gibt Gründe, echte oder fingierte. Dies ist die große Frage.

Vielleicht ist es auch eine Frage der Perspektive?

Vielleicht eine Interessensfrage?

Vielleicht auch ein Kräfteringen des Stärkeren.

Kein Löwe lässt sich gern seine alleinige Herrschaft nehmen oder infrage stellen.

Aus meiner Sicht sieht dies jedoch etwas anders aus, als es in eurer Dimension scheint.

Sichtbar ist jedoch, dass unzählige und unschuldige Menschen ihr Leben lassen mussten und müssen, für Dinge, die nichts mit ihnen zu tun haben.

Sichtbar ist jedoch, dass unvorstellbares Leid das Ergebnis dieses Machtkalküls, dieser Wut oder dieser Willkür ist.

Hast du dir jemals Zeit genommen, die Dinge aus einer höheren Perspektive zu betrachten?

Ich fordere dich auf, dich zu fragen, wer in deinen Augen zu dem Jahrhundertreigen der Terroristen, Massenmörder oder Kriegsverbrecher zählt.

Ich fordere dich auf, die Wahrheit beim Namen zu nennen.

Doch dieses braucht großen Mut!

Samuel 32

Das Auge des Zyklons!

Denkt darüber nach und ihr findet den globalen Schlüssel!

Was meinst du damit?

Das Auge des Zyklons kann euch retten, befreien und eure globale Balance wiederherstellen.

Wie soll ich das verstehen?

Im Zentrum jedes Wirbelsturms herrscht Ruhe, absolute Ruhe und Stille, während außen die Welt aus den Fugen zu geraten scheint.

Nehmt euch dies zum Beispiel!

5 Minuten globales Schweigen, Atmen und Meditieren zur selben Zeit, gleicht diesem Auge des Zyklons und wird eure Wirklichkeit fundamental, subtil, aber einem Wunder gleichend, in Richtung Frieden und Harmonie verändern.

Je mehr Menschen ihr, zur selben Zeit (beachtet eure Zeitzonen!) tagtäglich zum Innehalten und Meditieren zu bewegen fähig seid, umso nachhaltiger und frappierender wird die Wirkung sein.

So einfach, kostenlos und effektiv kann eurem Weltgeschehen geholfen werden.

Beginnt noch heute und ihr werdet staunen!

Samuel 33

Habt ihr eigentlich schon einmal nachgedacht, was ihr euch für die Erde wünscht?

Was ist euer finales Ziel?

Eine Antwort zu finden, wird euren Lebensfokus verschieben, ausrichten und zentrieren.

Wenn ihr wisst, wohin die Reise geht bzw. gehen soll, werdet ihr fähig sein, eure Kräfte sinnvoller zu bündeln und eurem Dasein eine Perspektive zu geben.

Dies ist von zentraler Bedeutung für euch Menschen.

Wenn ihr fähig seid eure Kräfte, eure Energie in eine gemeinsame Richtung zu lenken, werden sich unvorstellbare Potenziale eröffnen und frei werden.

Diese sind eure Schätze, die sich erst dann zu wahren Reichtümern verwandeln, wenn ihr bereit seid, eure Potenziale sinnvoll zu gebrauchen und nicht sinnlos zu vergeuden.

Samuel 34

Warum fürchtet ihr den Tod?

Dieser Wächter ist die größte Hilfe und das größte Geschenk an euch Menschen.

Wieso?

Das Wissen, um die Begrenztheit deiner irdischen Lebenszeit lässt dich suchen, fragen nach dem Sinn deines Daseins.

Wenn der Tod nicht wäre, würdet ihr in einem endlosen Meer von Nichtigkeiten und Oberflächlichkeiten dahintreiben ohne Ziel und ohne Ende im Raum der Unendlichkeit.

Alles würde in einer grauen Brühe von unzähligen Erlebnissen dahinfließen bis zur Unkenntlichkeit.

Dies willst du nicht, dies will niemand!

Begreift endlich, dass der Tod euer Freund ist, dein größter Helfer.

Er lehrt dich, wie kein anderer den Moment zu erleben und deinen Fokus zu setzen, auf all die Dinge, die du wertschätzt und liebst.

Er, dein treuer Freund, lehrt dich Bewusstheit im Spiel der Gezeiten.

Nur so, nur durch bewusstes Erleben wirst du frei und mutierst zu Liebe.

Auch wenn diese Mutation nur als Illusion besteht, ist sie der Wegweiser für wahre Transformation.

Also, freue dich über und auf deinen Tod, er ist ein großer Seher und Zauberer.

Samuel 35

Ihr stellt euch die falschen Fragen!

Wie meinst du das?

Eure Fragen lauten, wie kann ich mehr verdienen, wie schaffe ich ein größeres Ansehen, wie bekomme ich mein Traumauto oder meine Traumfrau …?

Ich könnte die Liste fortsetzen. Alles dreht sich nur um dein Ego, lieber Mensch!

Selbst dein Umweltschutz steht im Fokus deiner persönlichen Bedürfnisse bzw. Ängste.

Ich sage es noch mal, ihr stellt die falschen Fragen und demzufolge bekommt ihr die falschen Antworten.

Was sind dann die richtigen Fragen?

Frage nach dem DU und nicht nach dem ICH!

Was kann ich für dich tun, was kann ich für den anderen tun, damit es ihm besser geht.

Dieser Blickwinkel schafft Empathie und Größe, wahre Größe.

Selbstlosigkeit im Kleinen, wie im Großen wird eure Entscheidungen verändern.

Eure täglichen Entscheidungen bestimmen den Werdegang eurer globalen Entwicklung.

Ich gebe euch ein Beispiel:

Wenn ihr euch z. B. entscheidet, ein Tempolimit einzuführen, auf erneuerbare Energien setzt oder etwa die Plastikwelt aus eurem Leben verbannt, entscheidet ihr euch für das DU und nicht für das ICH.

Doch vertraue mir, solche Entscheidungen werden wie ein Bumerang zu deinem ICH zurückkehren, mit voller Wucht und zielgenau.

Samuel 36

Hast du schon einmal in eine Plastiktüte geatmet bzw. dir über den Kopf gezogen?

Nein, ich bin doch nicht lebensmüde! Jedes Kind weiß, dass man daran sterben kann.

Ja, jedes Kind weiß, dass man daran sterben kann! Aber was macht ihr klugen, intelligenten Erwachsenen?

Ihr packt die Erde in Plastik!

Habt ihr vergessen, dass man daran sterben kann, jämmerlich zugrunde gehen kann?

Genau dies tut ihr mit eurer Erde!

Ihr foltert sie Tag für Tag und werdet bald zu ihren Mördern, wenn ihr nicht aufhört, sie mit Plastik zu-zumüllen.

Werdet euch dessen endlich bewusst!

Langsam, stetig, aber sicher verebbt die Zeit und es ist zu spät!

Wartet nicht bis alle Reanimationsversuche der Erde zum Scheitern verurteilt sind!

Jetzt ist die Zeit!

Plastik ist ein Gift eurer Tage, verpackt in bunten Farben, welches ja so praktisch und günstig zugleich auf euren Gewässern leuchtet.

Samuel 37

Samuel, ich habe eine Frage an dich!

Ja, bitte!

Was erachtest du als das Wichtigste auf Erden, ich meine politisch, global, zukunftsweisend?

Also, dies ist eigentlich nicht mit einem Satz zu beantworten. Das Thema ist viel zu komplex und vielschichtig!

Trotzdem kannst du jedes Thema, egal ob politisch, ökologisch, erzieherisch auf einen einfachen Nenner bringen.

Es hängt an eurem Herzen!

Wie bitte?

Es hängt an eurem Herzen, wofür ihr euch begeistert!

Was euch wichtig ist!

Was euch etwas bedeutet!

Diese Herzensenergie kann eure globale Entwicklung lichtvoll vorantreiben!

Ihr habt verlernt, auf euer Herz zu hören, ihr habt verlernt, den Mut zu haben, eurem Herzen zu folgen. Ihr habt verlernt, zu eurer Herzensweisheit ja zu sagen und euch öffentlich dazu zu bekennen.

Wenn ihr eure Kinder wieder lehrt, diese machtvolle Energie zu gebrauchen, gepaart mit ethischen Grundwerten, wie Liebe, Nächstenliebe, Empathie, Toleranz, Güte und Genügsamkeit, wird sich euer Ungleichgewicht auf Erden zwischen Arm und Reich, Hitze und Kälte, Krieg und Frieden verringern und das globale Schwingungsmuster wieder langsam aber stetig in Balance kommen.

Erweckt die Steine in eurer Brust wieder zum Leben und die Freude kann auf Erden zu neuer Blüte erwachen.

Samuel 38

Aber es gibt Menschen, radikalisierte Menschen, die mit voller Überzeugung, ganzem Herzen töten, ihre vermeintlichen Feinde oft auf brutalste Weise töten.

Ja, du hast recht! Aber sie handeln nicht wirklich aus ihrem Herzen, sie handeln aus innerer Verzweiflung und Fanatismus.

Es ist verblendete Liebe zu einer Überzeugung und Ideologie. Kein wahres Herz tötet „Seinesgleichen", denn der vermeintliche Feind ist in Wahrheit aus dem gleichen Stoff gebaut.

Und was schlägst du vor?

Stille --- aus der Stille erwacht Weisheit und Weisheit ist das Fundament von Erkenntnis.

Erkenntnis führt dein Herz zu seiner wahren Gestalt.

Ein wirkliches Herz ist frei von menschlichen Emotionen.

Wahrhaftige Liebe ist wie die Farbe Weiß. Rein und wunderschön und trotzdem sind alle Farben in ihr enthalten. So wie Weiß in jeder einzelnen Farbe zu finden ist, egal wie schmutzig sie sein mag.

Samuel 39

Es gibt nur drei Dinge, die für eure Erde von Bedeutung sind .

Und die wären?

Zuerst müsst ihr Sorge tragen für die Gesundheit eures Planeten. Die Erde ist eure Mutter und ihr tretet sie oft mit Füßen.

Ich meine, ihr seid nicht gut zu ihr. Damit nehmt ihr euch selbst euren Lebensraum und vergiftet euch selbst. Außerdem zerstört ihr Stück für Stück euren Planeten. Also, ihr schadet euch dadurch im Grunde nur selbst.

Die zweite Sache ist, ihr seid immer noch solch animalische Wesen, dass ihr es trotz der vielen Schätze und Reichtümer, die die Erde birgt, nicht schafft, für alle Menschen die Grundbedürfnisse wie Nahrung, Wasser, Kleidung oder ein Dach über dem Kopf zu gewährleisten.

Auf der anderen Seite gibt es Menschen, die in ihrem materiellen Reichtum zu ersticken drohen. Hier eine Balance zu schaffen hat höchste Priorität auf Erden.

Und zu guter Letzt bedarf es einer ethischen Grundeinstellung auf Erden, die besagt: Du darfst so leben, denken, fühlen, wie du willst, solange du damit keinem anderen Schaden zufügst.

Dies muss der Grundstein jeglicher Religion oder Glaubensüberzeugung sein bzw. werden, um dem Morden und Kriegen ein Ende zu setzen.

Das ist unrealistisch! Glaub mir, dies ist unmöglich!

Unmöglich ist es nur, wenn du es für unmöglich hältst.

Beginnt damit, eure Kinder von klein auf ethische Werte zu vermitteln. Krempelt euer Schulsystem um und setzt andere Schwerpunkte.

Das Hauptanliegen jeder Bildung sollte das Heranziehen integrer Menschen sein, die den anderen als ihresgleichen achten und wertschätzen.

Ich fordere euch auf, darüber zu meditieren!

Samuel 40

Was bedeutet für dich ein integrer Mensch?

Ein integrer Mensch lebt Achtung und Wertschätzung des anderen, unabhängig von dessen Handlungen.

Er erkennt, dass selbst ein Mörder auf einer tieferen Ebene seinesgleichen ist und deshalb wertzuschätzen ist.

Bist du verrückt? Soll ich den Mörder meiner Kinder vielleicht lieben?

Nein, du verstehst mich falsch!

Aus irdischer Sicht ist klar, dass solche Taten abzulehnen sind. Doch welche Umstände haben ihn zum Täter gemacht?

Auf einer tieferen Ebene seid ihr jedoch eins.

Denk an die Atome, aus denen ihr besteht. Gebt euren Kindern von klein auf dieses Bewusstsein, dass ihr zwar einen Körper besitzt, aber mehr seid als dieser.

Eure Atommodelle demonstrieren dies auf anschauliche und eindrucksvolle Weise.

Ich frage dich:

Woraus bestehst du?

Woraus besteht dein Feind?

Woraus besteht dein Mörder?

Woraus besteht der Stuhl, auf dem du sitzt?

Woraus besteht das Buch, welches du gerade liest?

Begreifst du, was ich sagen will?

Ich sage es noch mal, lehrt eure Kinder dies und ihr erschafft eine neue Generation.

Samuel 41

Gefühls- und Gedankenhygiene ist das tägliche Bad der Weisheit.

Und genau dies braucht die Erde, jetzt!

Ihr habt verstanden, dass körperliche Hygiene Sinn macht und Krankheiten vorbeugt. Im emotionalen und geistigen Bereich ist es nicht anders.

Wacht endlich auf und ändert euren Kurs!

Es wird Zeit!

Dies ist ein evolutorisches MUSS.

Samuel 42

Hast du schon einmal einen Zoo besucht?

Ja, warum?

In einem Zoo findet ihr viele Tiere auf engstem Raum. Damit dies funktioniert, hat jede Tierart ihr eigenes Gehege.

Wenn dies nicht so wäre, dann gäbe es „Mord und Totschlag" im Zoo und ihre Besucher müssten um ihr Leben fürchten! Ist es nicht so?

Ja, was willst du mir sagen?

Genauso ist es mit euch Menschen. Ihr seid zwar alle Menschen, doch besitzen die verschiedenen Rassen und Kulturen unterschiedliche Temperamente, sowie sehr verschiedene Lebensanschauungen, die sich über viele Jahrhunderte ausgeprägt haben. Jede Kultur, jede Menschenform hat ihre Berechtigung und keine ist besser oder schlechter als die andere.

Oder würdest du behaupten, der Löwe hätte weniger Lebensberechtigung oder Wert als die Maus oder der Elefant?

Doch wenn du die unterschiedlichen Lebensformen auf engstem Raum ohne Gehege zusammennimmst, haben wir einen Dschungel.

Vielfältig, faszinierend, doch zugleich lebensgefährlich!

Es herrscht Überlebenskampf, ein Kräfteringen des Stärkeren.

Genau dies passiert, wenn ihr eure Kulturen maßlos, schutzlos, gewaltsam und unbedacht in viel zu kurzer Zeit vermischt.

Dies bedarf einer bedachten Hand, die fähig ist den Wolf in ein Haustier zu verwandeln oder etwa den Tiger zum besten Freund des Menschen macht.

Der weise Mensch weiß darum und handelt deshalb achtsam, maßvoll und wissend.

Samuel 43

Der Schmerz ist dein Freund!
Liebe ihn, liebkose ihn und du wirst Heilung erfahren!

Er ist wie ein Nadelöhr zum Himmelreich. Klar, einfach und direkt!

Wenn du dich für diesen Pfad entscheidest, musst du wissen, dass du ihn alleine gehen musst, vollkommen entblößt und nackt.

Viele von euch scheuen sich davor und versuchen ihm zu entweichen. Doch der Schmerz stellt dich immer wieder: von Zeit zu Zeit, dein Leben lang, bis du ihn als deinen Freund akzeptierst und wertschätzt.

Er umgarnt dich, bis du ihm ganz erliegst. Und ganz plötzlich bist du frei.

Endorphine!

Endorphine sind Opiate für dein Bewusstsein, die dir einen Geschmack deiner grenzenlosen Vollkommenheit geben.

Koste diese und deine Erinnerung wird sie bis in alle Ewigkeit aufs Neue suchen.

Samuel 44

Eure wahre Nahrung ist die Stille. Die wunderbarste Speise, welche ihr je gekostet habt. Viele von euch kennen diese Köstlichkeit gar nicht mehr.

Es ist ihnen verwehrt, zu viel billige Ablenkung wird ihnen tagtäglich serviert. Geistiges Fast Food macht auch eure Seele nicht satt.

Dieses ständige Ablenken macht euch träge im Geist, in eurem Herzen und in eurem Körpertempel.

Was schlägst du vor?

Ganz einfach und schlicht!

Stille

Stille ist für jeden erfahrbar, wenn er es möchte und bereit dazu ist, unabhängig von Hautfarbe, Kultur oder Religion.

Es ist eine gemeinsame Basis. Ein Grundstein der Kommunikation, der nicht zu unterschätzen ist.

Vielmehr in seiner Tragfähigkeit bis heute unerkannt geblieben ist.

Die Wenigen, die das große Potenzial von Stille erkannt haben, werden meist belächelt oder als Esoteriker oder Spinner abgestempelt.

Auch hier gilt es die Spreu vom Weizen zu trennen.

Doch eines ist gewiss.

Stille ist das Fundament jedes Lebens und jedes Lebewesens!

Bedenkt dies und öffnet euch für diese Köstlichkeit!

Nichts wird so sein wie früher!

Die Heilung eures Planeten und von euch Menschen kann beginnen!

Samuel 45

Wer bist du, Samuel?

Ich bin die Stimme deines Herzens, ich erscheine euch in traumgleichen Momenten.

Durch mich erreichen euch Impulse aus tieferen Schichten eures Menschseins. Inspirationen, die eurem normalen Wachbewusstsein meist nicht zugänglich sind, sondern in besonderen traumgleichen Momenten oder meditativen Zuständen euer Bewusstsein erreichen.

Und was möchtest du uns sagen?

Ihr Menschen habt verlernt euer ganzes Potenzial zu gebrauchen. Ihr zieht eure Informationen meist nur aus dem Wachbewusstsein.

Die anderen Schichten und Ebenen eures Bewusstseins lasst ihr meist nicht zu Wort kommen, obwohl nur in der Ganzheit eures Bewusstseins universelle Wahrheiten und weise Erkenntnisse zustande kommen können.

Wenn ihr dies zu verstehen beginnt, entspringt Demut eurem Herzen, denn ihr erkennt, wie einfältig und dumm ihr so manche Entscheidungen getroffen habt und immer noch trefft und so das Weltgeschehen aus der Balance werft.

Ich Samuel bin ein Teil von Dir und ich möchte gehört werden.

Doch bin ich nicht der Einzige, der nach eurer Aufmerksamkeit ruft.

Samuel 46

Ihr habt nur eine Aufgabe hier auf Erden!

Und die wäre?

Ich habe es schon einmal gesagt: zu erkennen, wer ihr seid und woher ihr kommt.

Das ist alles!

Es ist ein Spiel! Eigentlich ein Versteckspiel! Wenn ihr klein seid – ich meine, eure Kinder spielen dieses Spiel manchmal. Sie strecken ihre Hände vor das Gesicht und rufen: „Suche mich, ich habe mich versteckt!"

Sie glauben nämlich, dass sie unsichtbar sind und nicht gesehen werden können, weil sie die Hände vor das Gesicht halten.

Und genau wie dieses Versteckspiel ist euer Leben.

Euer Leben ist wie die Hände!

Euer Leben ist wie die Augen, die nicht sehen.

Euer Leben ist das Vergessen, wer ihr seid.

Und irgendwann im Reigen der Inkarnationen lüftet sich der Schleier und ihr habt euch wiedergefunden im Meer der unendlichen Möglichkeiten.

Dieses Spiel erfreut euch so sehr, dass ihr gar nicht genug davon bekommen könnt.

Immer wieder, in endlosen Reihen spielt ihr euer Versteckspiel in kaleidoskopartigen Geschichten. Kreativ, kindlich und neugierig gestaltet ihr das Universum immer wieder neu.

Und glaubt mir, ihr seid nicht die Einzigen, die dieses Gottesspiel mitgestalten.

Samuel 47

Umweltbewusstes Leben ist der große Luxus eurer Tage!

Wie meinst du das?

So lange eure Industrie Plastik und Verpackungsgifte günstig und maßlos auf den Markt schleudert und den meisten von euch Menschen nichts anderes übrig bleibt, als den Müll und das Gift zu kaufen, steuert eure Erde sicher und gewiss in kürzester Zeit auf den Abgrund zu.

Unbelastete und ursprüngliche Ware auf herkömmliche Weise zu kaufen, wie es noch vor 100 Jahren gang und gäbe war, ist ein Luxus, den sich heute kaum mehr einer leisten kann.

Ihr Menschen, eigentlich meine ich eure Politiker, begreift nicht, dass ihr mit dieser Strategie, immer mehr und immer günstiger zu produzieren und zu verpacken, Regenwälder gewissenlos abzuholzen und Tiere in foltergleichen Zuständen zu halten, euch nicht nur ethisch und moralisch strafbar macht, sondern auch die Erde, damit direkt und unaufhaltsam in den globalen Super-GAU treibt.

Und es wäre so einfach, wenn euch die Gier nach Reichtum nicht auf so elende Weise vergiftet hätte.

Umweltbewusstes Leben braucht Normalität und Selbstverständlichkeit!

Bio, Glas, artgerechte Tierhaltung, Elektromobilität und Ökostrom brauchen Erschwinglichkeit und Bezahlbarkeit!

Gesunde Nahrung, reine Luft und reines Wasser braucht ihr ALLE, unabhängig von Hautfarbe, Kultur oder Religion, egal ob jung oder alt, egal ob reich oder arm.

Das Plastik und das Gift eure Tage sei als Luxusgut, wenn dann noch erwünscht, den .... vorbehalten.

Und dient als Mahnmal euren Kindern!

Samuel 48

Du bist ein Energiewesen!

Warum sagst du das?

Dies ist von existenzieller Bedeutung für euch Menschen!

Wenn ihr euer Gegenüber als ein faszinierendes Bündel Energie begreift und nicht als ein Stück Fleisch in Menschenform, wird sich eine neue Welt für euch eröffnen.

Wieso?

Weil ihr dadurch Zugang zu eurem wahren schöpferischen Potenzial erhaltet und viel schneller eure Wunschwirklichkeit in Stoff verwandelt.

Außerdem erkennt ihr, dass die Dinge, an denen ihr euch stoßt, nicht wirklich sind, egal ob materiell oder emotional.

Es ist eine Illusion in Energieform.

Schafft euch Zugang zu euren Energieportalen und ihr beschleunigt die Welt um ein Vielfaches!

Im Positiven wie im Negativen!

Doch dies ist eure Chance!

Nützt sie wohlbedacht und erzieht eure Kinder zu Mitgefühl!

Das ist alles!

Samuel 49

Ich sage es noch einmal, ich kann mich nur wiederholen.

Der Terror beginnt im Kopf!

Jeder Terrorist war einmal ein liebenswertes kleines Kind.

Auch heute ist dieses liebenswerte Wesen noch da, doch oft verschüttet unter vielen Schichten emotionaler Erlebnisse, die ihn Stück für Stück zu einem sogenannten Terroristen, wie ihr es nennt, formten.

Was ist geschehen? Welche Erlebnisse haben zu welchen Entscheidungen geführt?

Wenn ihr diesen Weg zurückverfolgt, bekommt ihr immer dieselbe Antwort.

Und die wäre?

Wie ein Tropfen den Stein höhlt, Tropfen für Tropfen, so verändern biographische Erlebnisse Einstellungen, Gedanken und Gefühle.

Also beginnt zu fragen:

Was prägt und wie prägt meine Umwelt meine Denk- und Gefühlsprozesse? Was will ich überhaupt denken und fühlen?

Das ist der Schlüssel zu einer möglichen Veränderung in Richtung Frieden und Heilung eures Planeten.

Mentale und emotionale Schulung von euch Menschen in Bildung, Beruf, Ökologie, Politik und Religion ist der alles entscheidende Faktor im 21. Jahrhundert.

Samuel 50

Euch ist das Lachen auf Erden vergangen!

Warum sagst du das?

Na, eure globale Situation ist weder ökologisch, politisch noch humanitär zum Lachen.

Ja, das stimmt!

Ja, genau da liegt der springende Punkt!

Ihr habt das Lachen verlernt. Ihr nehmt alles viel zu ernst und wichtig.

Wichtig ist das Lachen!

Die erste Lebenslektion sollte sein, das Lachen niemals zu verlernen bzw. es zu hüten, wie den größten Schatz auf Erden.

Das Lachen stärkt eure Vitalität und Gesundheit, es macht euch widerstandsfähig gegen Krankheit und die Widrigkeiten des Lebens.

Dies sollten eure Schulen lehren, Lachen sollte zur Höflichkeit zählen, Lachen ist der schönste Gruß in eurer Dimension.

Lachen beflügelt eure Seele, euren Geist und klärt eure Emotionen.

Lachen als Begrüßung würde jeder politischen Diskussion einen Nährboden von Toleranz und Verständnis geben.

Kultiviert eure angeborene Fähigkeit des Lachens und eure Welt beginnt wieder in frohen Farben zu leuchten.

Samuel 51

Meine wichtigste Nachricht an euch Menschen, und dies liegt mir wirklich sehr am Herzen, ist, dass ihr euer Bildungssystem nach anderen Gesichtspunkten ausrichtet, als ihr es jetzt tut.

Euer Schulsystem basiert auf Wissensanhäufung. Ihr glaubt, je schlauer eure Kinder werden, je mehr Wissen sie speichern, um so klügere Entscheidungen können Sie treffen und erfolgreich durchs Leben gehen.

Ich sage euch, dem ist nicht so!

Warum?

Weil ihr keine konzentrierten und konzentrationsfähigen Individuen damit erzieht.

Lehrt eure Kinder zu fragen:

Wer bin ich? Wer möchte ich sein bzw. werden?

Welchen Beitrag will ich für diese Erde leisten?

Wie kann ich dies realisieren und auf welche Weise?

Wissen und Geschichtskenntnisse können als Anhaltspunkt und im besten Fall als Vorbild erkannt und genutzt werden, doch das Zentrum der Erkundungen bleibt das individuelle ICH, welches nach optimalen Ausdruck verlangt.

Wenn ihr diese Ratschläge, die ich euch gegeben habe, in die Tat umsetzt, werden Depression, Lustlosigkeit und Suchtverhalten ein Ende nehmen, denn das innerste Wesen jedes Menschen von euch verlangt nach Ausdruck und Kreativität.

Sich in eurer Dimension malerisch zu verwirklichen, ist eurem Wesen eingepflanzt.

Verwehrt ihr ihm den kreativen, individuellen Ausdruck, mutiert es zu einem Monster gleichen Wesen.

Und ihr habt euch im Laufe eures Daseins viele davon gezüchtet und erschaffen.

Es reicht! Es ist genug!

Denkt über meine Worte nach und meditiert darüber!

Samuel 52

Geschenke und es gibt viele auf Erden, sind eure Wegweiser!

Wie soll ich dies verstehen?

Evolutorisch betrachtet, habt ihr über Jahrtausende hinweg gelernt, eure Aufmerksamkeit auf die Gefahr, die Probleme und den Schmerz zu richten.

Das hat und hatte zur Folge, dass sich in eurem Geist unendlich viel Negatives angesammelt hat und bis heute noch tut.

Nach und wegen dem Gesetz der Resonanz habt ihr dadurch eure Probleme auf ein Vielfaches potenziert und vermehrt.

Dies hält eure Welt am Laufen, Inkarnation für Inkarnation, Jahrhundert für Jahrhundert in Wellenbewegungen gleitend, den Logarithmen folgend.

Jetzt ist es Zeit euch dessen bewusst zu werden. Ihr habt es geschafft, den Löwen aus eurem täglichen

Umfeld zu verbannen und jetzt ist es Zeit euren geistigen Tiger in Zaum zu halten.

Wie soll dies geschehen?

Verschiebt euren Fokus und das Gute wird folgen und in Resonanz kommen.

Ich wiederhole mich:

Geschenke, und es gibt viele davon auf Erden, sind eure Wegweiser.

Sucht, findet und macht euch der vielen Segnungen bewusst, die ihr Tag für Tag erlebt.

Das gute Wetter, der morgendliche Kaffee, das Lächeln deines Gegenübers, die Schale Reis, der Schluck Wasser, der befreiende Schlaf usw.

Selbst in der schlimmsten, grausamsten und destruktivsten Situation gibt es Geschenke und Segnungen, auch wenn es manchmal eine Kunst ist, sie zu entdecken.

Euer Viktor Frankl hat zu diesem Thema Pionierarbeit geleistet und kann euch als großes Vorbild dienen.

Geschenke, nichts als Geschenke, suche sie, finde sie, erkenne sie und dein Geist wird froh!

Samuel 53

Kannst du mir etwas über den Tod und das Sterben sagen?

Ja, warum fragst du?

Nun, viele von uns haben Angst zu sterben, verdrängen ihre Endlichkeit.

Und wieso?

Na, du stellst Fragen!

Wir haben Angst alles aufzugeben, was uns lieb und teuer ist.

Wir haben Angst vor der Ungewissheit, was nach dem Sterben kommt.

Das verstehe ich! Doch ich kann dich beruhigen. Ein Teil von dir wird sich zum richtigen Zeitpunkt erinnern. Dieser Teil kennt den Weg nach Hause. Außerdem bist du nicht allein. Du wirst liebevoll empfangen in der geistigen Welt.

Gilt dies auch für Mörder und Terroristen?

Ja, natürlich. Trotzdem bleiben ihre Taten nicht ungesühnt bestehen. Ihre gerechte Strafe geben Sie sich selbst. Und glaub mir, jede Seele ist streng mit sich selbst, ob sie aus ihrer irdischen Sicht dies will oder nicht.

Es gibt jedoch eine Seelenqualität, der ihr zu diesem Thema zu wenig Beachtung schenkt. Und dies ist das Vertrauen.

Ihr versucht stetig selbstbestimmt euren Lebensweg zu gestalten. Doch nicht immer ist dies aus irdischer Sicht möglich.

Doch Vertrauen und nochmals Vertrauen führt euch von einer höheren Perspektive betrachtet in die richtige Bahn.

Dies bedeutet jedoch nicht tatenlos zuzusehen. Es erzieht euch vielmehr zu weisem Handeln.

Der irdische Tod ist wie der Schlaf und die Nacht. Das Tagesgeschehen beendend, lösend, befreiend und gleitend in eine andere Dimension.

Ich sage es noch mal:

Vertraue und alles wird leicht.

Samuel 54

Es gibt ein Gefühl, dass ihr unbedingt vermeiden solltet!

Und dies wäre?

Ohnmacht! Das Gefühl der Ohnmacht führt in die Extreme!

Entweder, je nach Temperament, wird es zur Depression und dem Gefühl des Ausgeliefertseins oder es mutiert zu Wut und Aggression – dem inneren Drang folgend, die Macht über die eigene Situation wieder zu erlangen.

Beides endet meist mit Verlusten, entweder dem eigenen Leben, also Suizid oder Mord, um sich aus dem Gefängnis der Ohnmacht zu befreien.

Nicht immer kann man die Umstände ändern, doch man kann eine Einstellung finden, die das Gefühl von Ohnmacht in Selbstbestimmtheit verwandelt.

Im Umgang mit anderen Menschen sprecht und handelt deshalb weise, damit dein Gegenüber nie in das Gefühl der Ohnmacht gerät.

Besonders eure Kinder sind sehr gefährdet und nehmen leicht Schaden. Manchmal irreparablen Schaden!

Samuel 55

Für's Erste ist es jetzt genug!

Ich habe euch viele Inspirationen gegeben und seid euch gewiss, es werden noch weitere folgen.

Was bedeutet dies?

Dass es jetzt Zeit ist zu schweigen.

Denn alles, was ich gesagt habe, ist wahr und unwahr zugleich. Entscheidend ist, welcher Perspektive ihr den Vorzug gebt.

Meine Worte sollten euch inspirieren, alles zu vergessen und über eure persönliche Form der Wahrheit nachzudenken.

Gebraucht euer volles Bewusstsein, euer ganzes Potenzial, denkt über meine Worte nach und schreibt dieses Buch neu, Meditation für Meditation.

Jede Wahrheit, gedacht, gefühlt, gesprochen und gelebt entspringt dem gleichen Ursprung und führt in die gleiche All-Eine-Wahrheit zurück!

Doch nur wer diesen Weg zu gehen bereit ist, wird zu dieser Erkenntnis gelangen.

Also, vergesst meine Worte und findet eure eigene, persönliche, individuelle Wahrheit.

Nur aus diesem einzigen Grund habe ich zu euch gesprochen!

Ich freue mich auf deine Variante der universellen Wahrheit des uns alle innewohnenden Bewusstsein aus dem Meer der unendlichen Möglichkeiten.

Wir werden uns begegnen!

Dies ist gewiss!

Danksagung

„Meinem Wald" möchte ich an erster Stelle danken, da er mir Tag für Tag Heimat, Kraft, Inspiration und Heilung schenkt.

Ebenso danke ich meiner Familie für Ihre Unterstützung, Liebe und Akzeptanz.

Danke an alle Lehrer und Freunde, welchen ich in all den Jahren auf unterschiedlichste Art in verschiedenen Dimensionen begegnen durfte und die mir Inspiration schenkten.

Herrn Dr. Matthias Feldbaum möchte ich für seine Hilfe danken, „Samuel" in eine druckfähige Form zu bringen.

Ich danke Ihnen, liebe Leser und Leserinnen, dass Sie sich die Zeit genommen haben mit Samuel zu „meditieren".

Und zuletzt danke ich dem Leben selbst, welches für mich der größte Lehrmeister und großartigste Gestaltwandler in dieser Dimension ist.

Morija David ist Musikerin und bildende Künstlerin.

Mit 26 Jahren erkrankte sie an einer Hypophysenin-
suffizienz.

Dies veränderte ihr Leben, ihr Bewusstsein und ihre
Sicht der Welt.

SAMUEL ist ihr erstes Buch, welches sie als Schrift-
stellerin veröffentlicht.

FSC
www.fsc.org
MIX
Papier | Fördert
gute Waldnutzung
FSC® C083411

Zeitfracht Medien GmbH
Ferdinand-Jühlke-Straße 7
99095 Erfurt, Deutschland
produktsicherheit@kolibri360.de